Andrea Schaller

Seemanns Kunst Wimmelbuch

Von Affen und Giraffen

E. A. Seemann

Maler aus aller Welt haben Tiere dargestellt, jeder auf seine Weise. Da gibt es ganz bunte Tiere, lustige Streifentiere und Vögel, die größer sind als Menschen. Auf manchen Bildern wimmeln sie fröhlich durcheinander, auf anderen kuscheln sie sich gemütlich zusammen. Bestimmt kannst du viele deiner Lieblingstiere entdecken. Auf einem Bild sind nur wenige Tiere zu sehen, auf anderen 60, 70 oder sogar 130. Da wird das Zählen schwierig!

Jedes Tierbild erzählt eine Geschichte: von der Arche Noah, vom Leben auf dem Bauernhof, von einer Tierschau oder von einer Versammlung der Tiere im Wald. Wenn du genau hinschaust, kannst du diese Geschichten herausfinden. Dabei helfen dir unsere Fragen. Vielleicht hast du sogar Lust, dir selbst kleine Geschichten auszudenken?

Weil Suchen Spaß macht, gibt es zu jedem Bild noch sechs Aufgaben für „Adleraugen".

Hinten im Buch wird jedes Bild kurz erklärt. Dort steht auch, wer all die schönen Tiere gemalt hat. Alles, was vorne gesucht wird, kann man hinten finden. Wer dann noch nicht genug hat, kann sich auf der Seite „Weißt du noch, aus welchem Bild das stammt?" an die schönsten Details erinnern.

Inhalt

Franz Marc
Besuch vom Vogelfreund **4**

André Normil
Schifffahrt mit Schmetterlingen **6**

Hieronymus Bosch
Im Schweinsgalopp um den See **8**

Paul Friedrich Meyerheim
Tierschau mit Krokodil **10**

Benozzo Gozzoli
Ausritt mit Leopard **12**

Pisanello
Begegnung mit dem Hirsch **14**

Giuseppe Arcimboldo
Fischkopf mit Perlenkette **16**

Jan Davidsz. de Heem
Stieglitz in Eile **18**

Roelant Savery
Pferd am Wasserfall **20**

Idrissa Diarra
Streifentiere im Blumenmeer **22**

Hans Hoffmann
Mampfender Hase **24**

Jean-Baptiste Oudry
Pause für den Esel **26**

Jan Brueghel der Ältere
Seesterne im Wald **28**

Stefano Bruzzi
Müde Schafe **30**

Besuch vom Vogelfreund

Komm mit in den Zauberwald!
Aber sei schön still, damit die
kleinen Rehe schlafen können.
Kannst du zählen, wie viele es sind?
Welches ist wohl die Rehmutter?
Ein Vogel schwebt herbei.
Ist er ein Freund der Rehe?
Geht die Sonne auf oder unter?
Sanft weht der Wind im Wald.
Ist es dort warm oder kalt?

Adlerauge, findest du das?

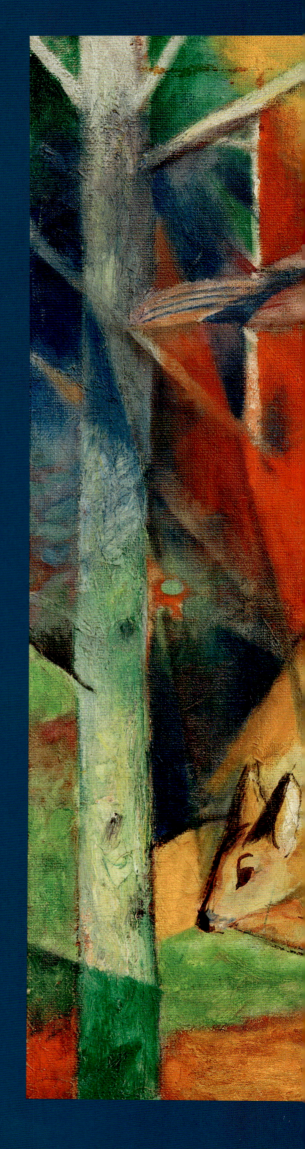

Schifffahrt mit Schmetterlingen

Gleich geht's los! Noah und seine Leute zeigen den Vögeln, wo sie hinmüssen. Alle sollen auf das Holzschiff gehen, die Arche. Denn bald wird eine große Flut kommen. Gut, dass selbst Elefanten auf der Arche Platz finden. Auch die Nashörner, die Elche und die Büffel. Herr und Frau Schlange haben sich mal wieder vorgedrängelt.
Siehst du auch die beiden Pelikane?

Adlerauge, findest du das?

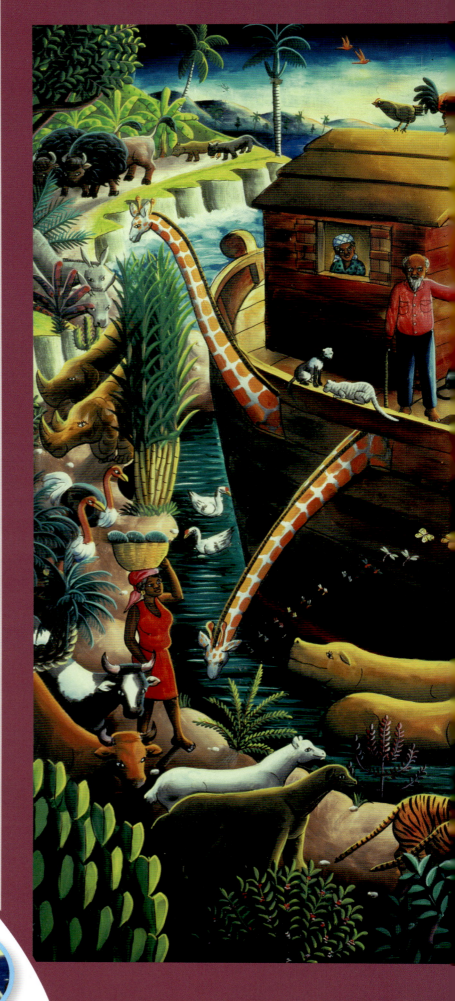

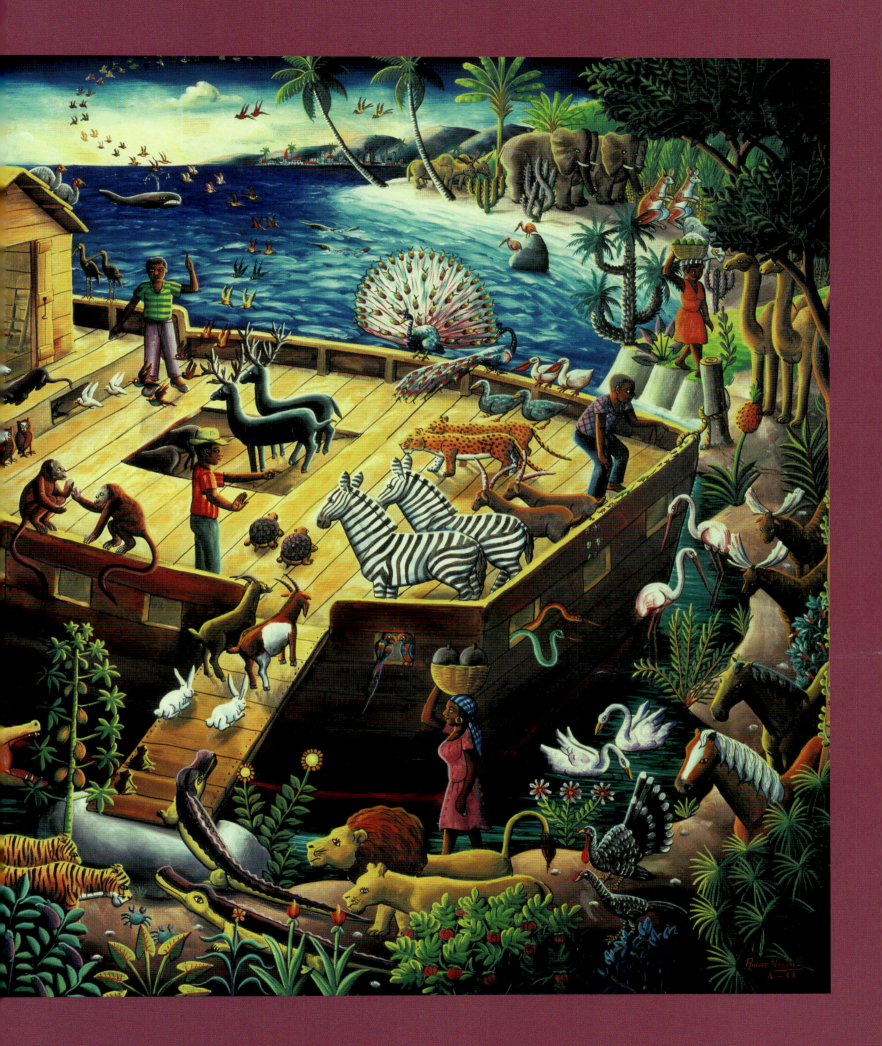

Im Schweinsgalopp um den See

Was ist denn das für ein Gewusel?
Die Ente, der Eisvogel, das Rotkehlchen,
der Stieglitz und die anderen Vögel staunen:
Nackte Männer reiten um den kleinen See.
Aber was haben sie für Reittiere? Schweine,
Hirsche, Bären und große Katzen?
Riesige Fische sind dabei und auch ein
Stachelschwein!
Wer hat sich wohl weiter vorne in der
großen schwarzen Muschel versteckt?
Kannst du zwei Eulen finden?
Oder sogar drei?

Adlerauge,
findest
du das?

Tierschau mit Krokodil

Die Tierschau hat schon begonnen!
Wer ganz vorne steht, kann dem Krokodil ins Maul blicken.
Aber Vorsicht! Sein Kollege am Boden guckt so angriffslustig. Der Elefant wäre den Kindern lieber. Aber der zeigt leider nur seinen Po.
Den Großeltern gefällt die Kuh mit dem Höcker am besten.

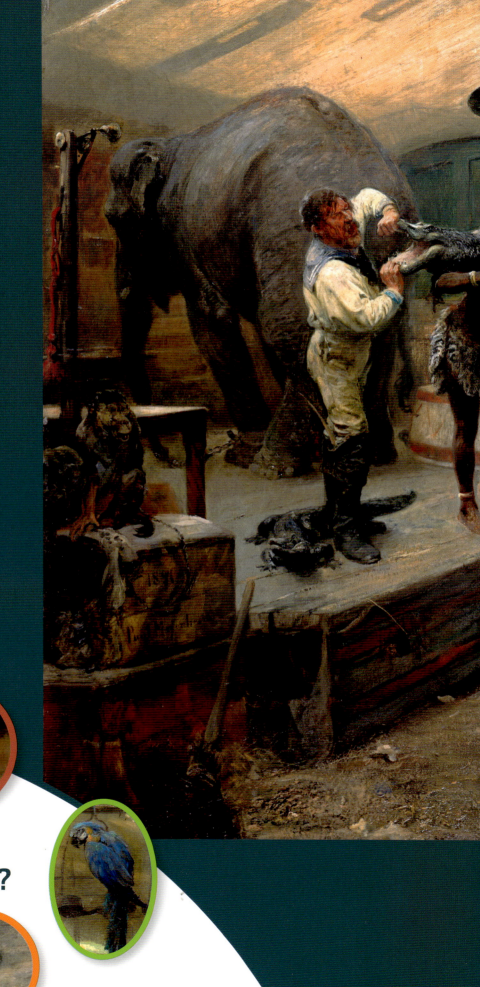

Adlerauge, findest du das?

Ausritt mit Leopard

Was für vornehme Leute!
Da ist ein alter König auf einem reich geschmückten Maultier.
Bei dem Mann in Blau reitet ein Leopard mit.
Siehst du auch die anderen Raubkatzen?
Ob sie wohl auf die Jagd gehen?
Schon hetzt ihr Hund ein armes Reh.
Hoffentlich kann es entwischen!
Oh nein: Der Falke hat schon einen Hasen gepackt!
Kamele und Pferde tragen große Kisten. Kannst du dir denken, wohin?

Adlerauge, findest du das?

Begegnung mit dem Hirsch

Ein eleganter Reiter mitten im Wald.
Er hat eine Menge Hunde dabei – kannst du zählen, wie viele es sind?
Zwei von ihnen spielen Verstecken.
Nur einer der Hunde blickt zu dem stolzen Hirsch auf.
Was hat der denn Seltsames im Geweih?
Bär und Schwan gucken gar nicht hin.
Auch der Hase hat dringend etwas anderes zu tun.

Adlerauge, findest du das?

Fischkopf mit Perlenkette

Die Schildkröte guckt ganz verwirrt:
Wie ist sie da bloß reingeraten?
Zwischen all diese Krebse,
Muscheln und Fische?
Da schlängeln sich Aale, da drängen
sich Tintenfisch und Rochen.
Sogar ein Seepferdchen ist dabei!
Sie alle sitzen so aufeinander,
dass sie aussehen wie der Kopf
eines Mannes.
Ein richtiger Fischkopf – mit
Muschelohr, Korallenhaar und
echter Perlenkette.

Adlerauge,
findest du das?

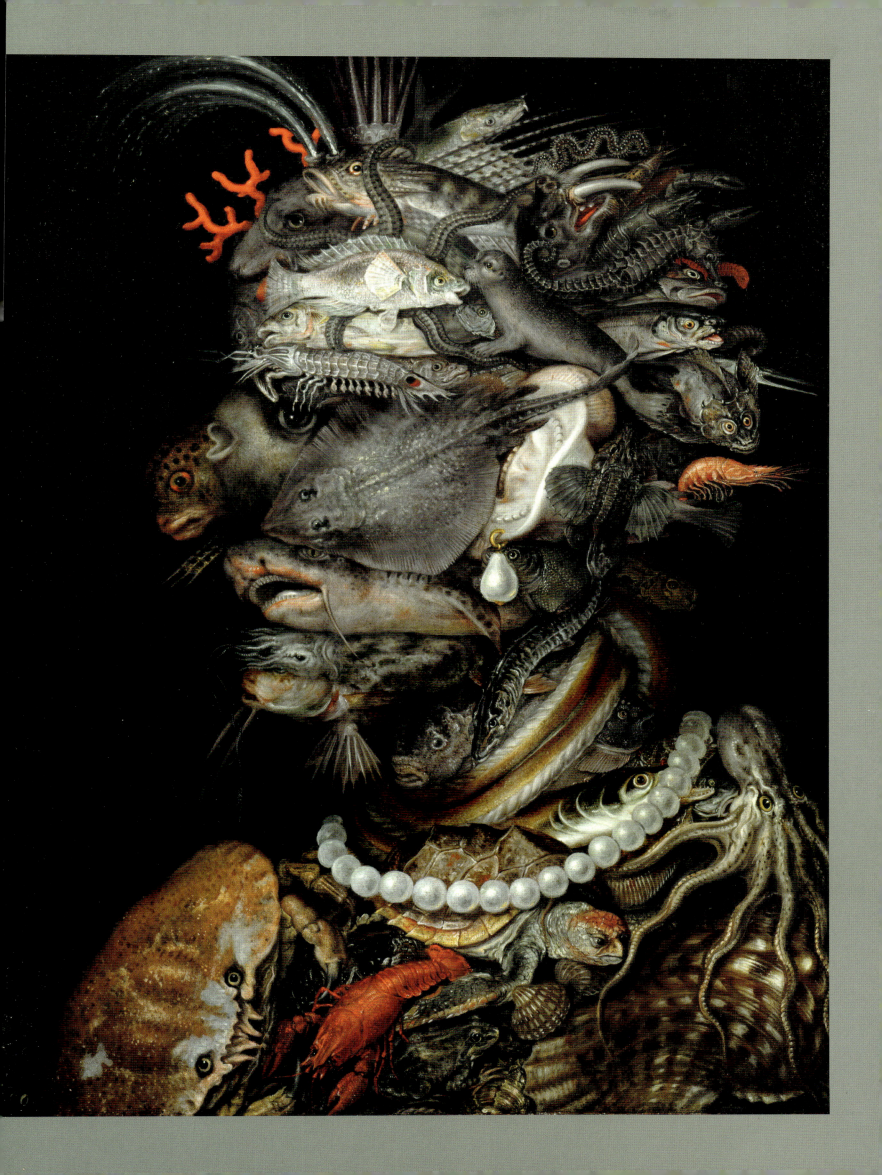

Stieglitz in Eile

Der Stieglitz kommt spät. Die anderen sind längst alle da!
Kröte, Blindschleiche und Pfauenauge nehmen ein Sonnenbad.
Die gestreiften Schnecken mögen es kühl und sitzen lieber im Schatten.
Im Moos sprießen Pilze und Gänseblümchen.
Was für herrliche Blumen!
Der Grashüpfer betrachtet sie genau.
Ob im Wasser wohl Fische sind?

Adlerauge, findest du das?

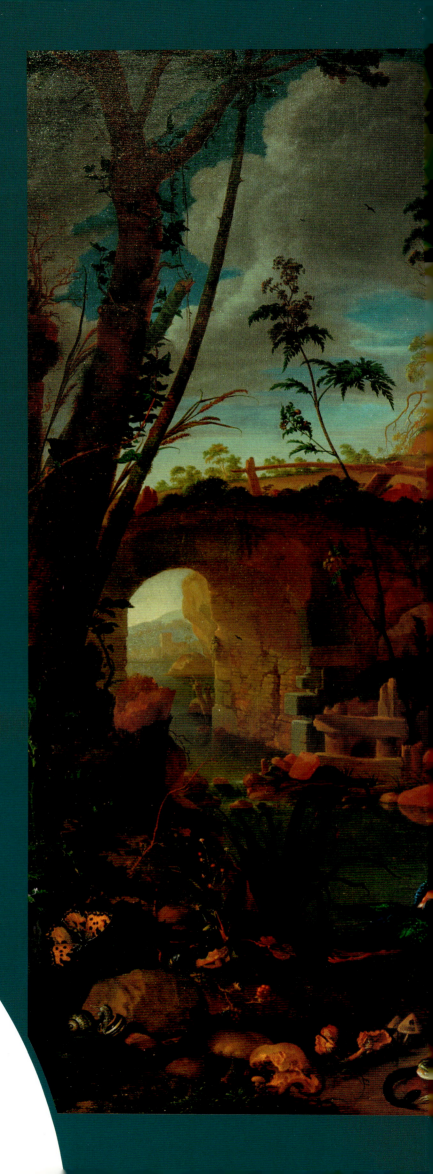

Pferd am Wasserfall

Das schöne weiße
Pferd überlegt:
Wie komme ich hinüber
auf die andere Seite?
Gibt es bei den zotteligen Ziegen
einen Steg übers Wasser?
Oder geht es nur hinten herum,
an Hirschen, Rehen und
Kamelen vorbei?
Das Sonnenlicht macht
sie alle ganz weiß.
Wie friedlich Löwe, Hase und
Rind beieinander liegen!
Ob es so im Paradies aussieht?

Adlerauge,
findest du das?

Streifentiere im Blumenmeer

Mittendrin zwischen Blättern und Blumen: zwei Streifentiere.
Nicht Giraffen, Gazellen oder Zebras?
Nein, das giraffige und das gazellige Streifentier wohnen hier.
Schön bunt und nah am See.
Ihre Nachbarn sind die Vögel – weiß, braun, rosa und orange.
Zählen musst du sie nicht: Viele sind es.
Ob auf der anderen Seite des Sees wohl Tupfentiere wohnen?
Oder sind sie dort kariert?

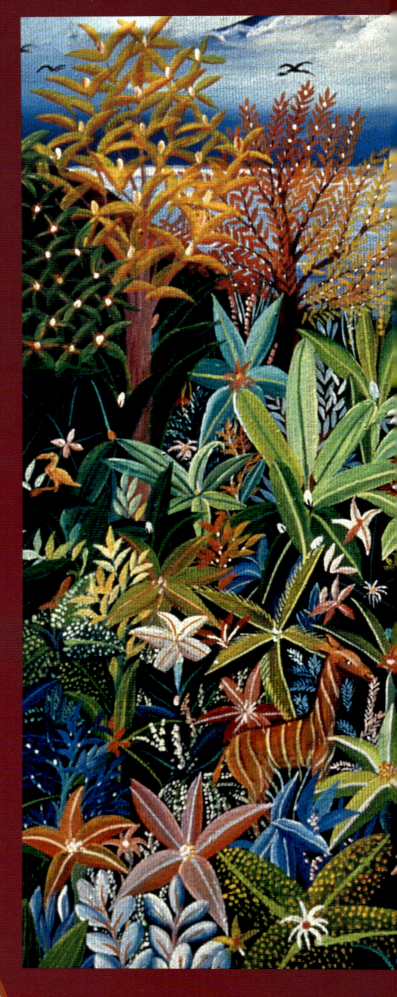

Adlerauge, findest du das?

Mampfender Hase

Das Rotkehlchen freut sich: Endlich hat der Hase seine Lieblingsblätter gefunden! Disteln mag er nicht – die schmecken nur dem Schmetterling.
Eidechse und Grashüpfer leisten beim Mittagsmahl Gesellschaft.
Auch die Schnecke kommt hinzu. Ob sie wohl das ganze große Blatt aufessen will?

Adlerauge, findest du das?

Pause für den Esel

Genug gearbeitet! Der Esel hat nun Pause, die Frauen auch.
Heu ist vom Wagen gefallen – das Pferd freut sich darüber.
Die Tauben kommen nach Hause.
Die Kühe haben Durst und die Enten nehmen ein Bad.
Ob es wohl ein heißer Tag war?

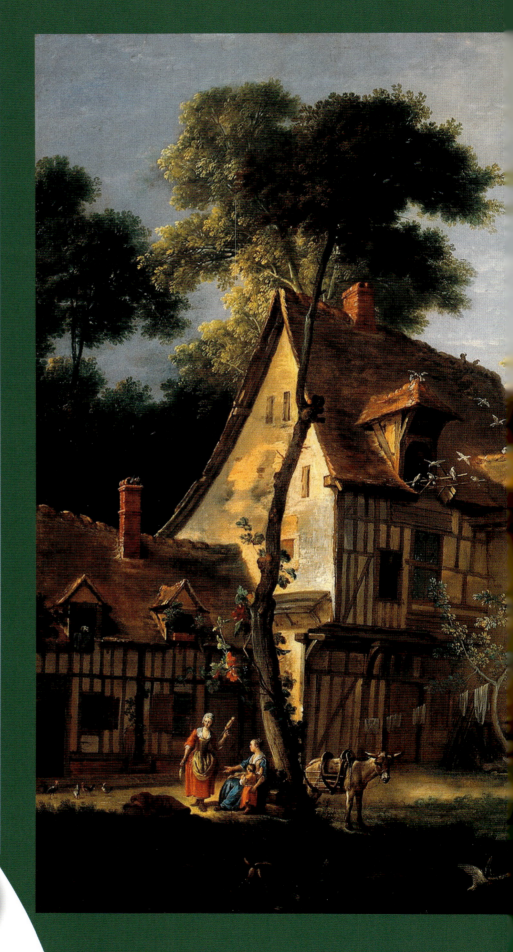

Adlerauge, findest du das?

Seesterne im Wald

Strauß, Pferd und Kuh gucken verblüfft:
Was sind das für Sterne mitten im Wald?
Und wo kommen all die Fische her?
Auch Aal und Frosch sind dabei.
Die Eule beäugt den langen Schwanz des Pfaus.
Fuchs und Kranich halten ein Schwätzchen.
Der Esel denkt sich seinen Teil.

Adlerauge, findest du das?

Müde Schafe

Den ganzen Tag Gras fressen – wirklich anstrengend!
Und weit gelaufen sind wir heute auch.
Wir sind doch keine Pferde oder Esel wie die dort!
Hinter den Weiden fließt ein Bach, da haben wir uns erfrischt.
Jetzt schön gemütlich zusammengekuschelt und losgeschlafen.
Die Braunen sind mittendrin. Schwarze Schafe haben wir nicht!
Wenn du mal nicht einschlafen kannst: Zähl' uns einfach …

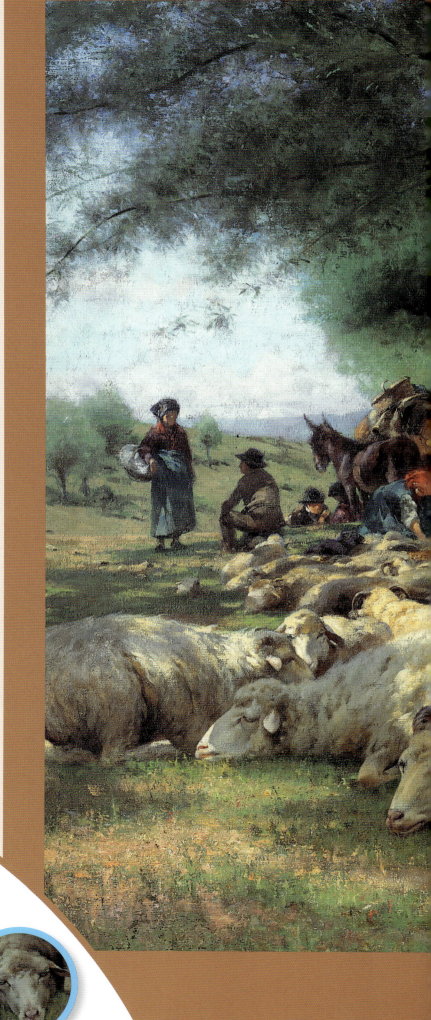

Adlerauge, findest du das?

Was stammt?

Lösungen für die Adleraugen

Besuch vom Vogelfreund

Franz Marc (1880-1916) war ein deutscher Maler des Expressionismus. Er lebte in München und Oberbayern. Schon immer interessierte sich Franz für Tiere. Er studierte ihre Bewegungen und ihr Verhalten ganz genau. Für ihn waren Tiere bessere Wesen als die Menschen. Besonders mochte Franz Pferde, Hunde und Rehe. Auf seinen Bildern wollte er zeigen, wie sie fühlen. Deswegen malte er Tiere nicht in braun und grau, sondern in leuchtenden Farben wie Rot, Blau und Gelb.

Franz Marc: Rehe im Wald I, 1913, Öl auf Leinwand, 101 x 105 cm, Washington, Phillips Collection

Schifffahrt mit Schmetterlingen

André Normil (*1934) stammt aus Haiti. In seinem Heimatland ist er täglich von leuchtenden Farben umgeben, in der Natur wie in der Kleidung der Menschen. Eine fröhliche Buntheit bestimmt auch seine Gemälde. Meist malt André viele Menschen auf einmal, die zusammen feiern und denen es gut geht: beim Karneval oder beim Hochzeitsfest. Auf seinen Tierbildern leben verschiedenste Arten friedlich zusammen, im Paradies oder auf der Arche Noah. Wer will, kann hier über 130 Tiere finden.

André Normil: Arche Noah, 1967

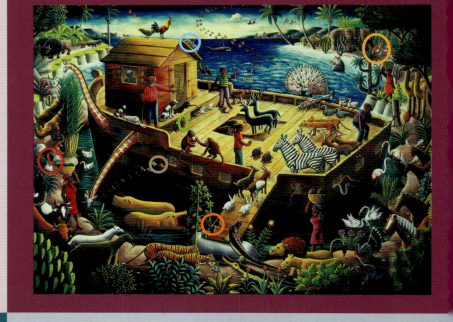

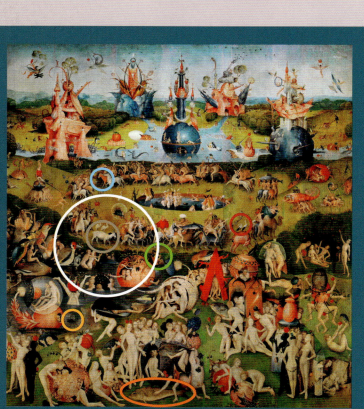

Im Schweinsgalopp um den See

Hieronymus Bosch (um 1450-1516), ein holländischer Maler, war schon zu seiner Zeit bekannt für fantasievolle Bilder, die wie Träume wirken. Auch unser Bild ist voll von verblüffenden Einfällen. Hieronymus wollte aber nicht einfach verrückte Gemälde mit lustigen Gestalten und riesigen Früchten malen: Er wollte die Menschen zum Nachdenken über sich selbst, über Gut und Böse, über Richtig und Falsch bringen. Vielleicht soll dieses Bild zeigen, dass Mensch und Tier friedvoll zusammen leben können.

Hieronymus Bosch: Der Garten der Lüste (Mitteltafel eines dreiteiligen Altarbilds), 1500-05, Öl auf Holz, insgesamt 220 x 389 cm, Madrid, Museo Nacional del Prado

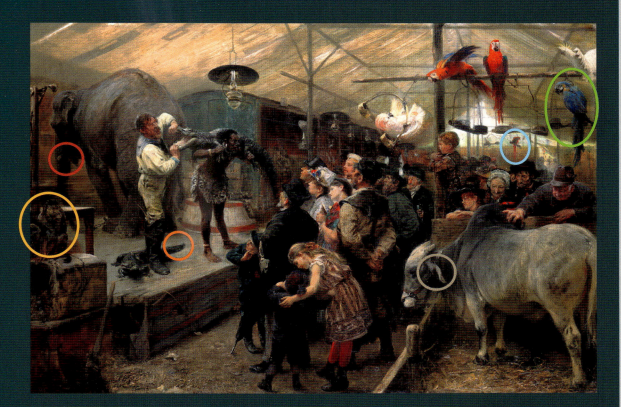

Tierschau mit Krokodil

Paul Friedrich Meyerheim (1842–1915) war ein deutscher Maler in Berlin, spezialisiert auf Tiere und staunende Menschen. Er malte Wandbilder im Berliner Zoo und mehrmals Tierbuden, auch Menagerien genannt. Das waren Wanderzoos, die von Stadt zu Stadt zogen und fremde Tiere aus fernen Ländern vorführten. Dabei ging es nicht wie im Zirkus um die Dressur der Tiere, sondern um ihre Fremdartigkeit. Die Vorführung fand in einem Zelt statt, das die Schausteller über ihre Wagen gespannt hatten.

Paul Friedrich Meyerheim: In der Tierbude, 1891, Öl auf Leinwand, 88 x 129 cm, Dresden, Galerie Neue Meister

Ausritt mit Leopard

Der Italiener Benozzo Gozzoli (um 1421–97) lebte zur Zeit der Renaissance in Florenz. Er war er ein gefragter Maler, besonders wegen seiner eleganten Gestalten in prächtigen Gewändern und seiner schönen Landschaften. In einem Palast in Florenz hat Benozzo einen ganzen Raum mit dem „Zug der heiligen drei Könige" zum neu geborenen Jesuskind ausgemalt. Unser Bild zeigt die Reise des ältesten der drei Könige, zu erkennen am weißen Bart und der Krone. Er reitet auf einem Maultier, um zu zeigen, dass er ein friedlicher Mann mit guten Absichten ist.

Benozzo Gozzoli: Zug der heiligen drei Könige, ab 1459, Fresko, Florenz, Palazzo Medici Riccardi

35

Begegnung mit dem Hirsch

Pisanello (um 1394–1450/55), ein italienischer Maler der Spätgotik, arbeitete für Fürsten in ganz Italien. Er schuf prachtvolle Wandbilder und war einer der ersten Maler, die Tiere genau beobachtet haben. Kaum jemand vor ihm konnte einen Hirsch so naturnah und lebendig malen. Unser Bild zeigt die Legende des heiligen Eustachius, einst Jäger im Dienst des römischen Kaisers Trajan. Eines Tages soll ihm auf der Jagd ein Hirsch erschienen sein, der zwischen seinem Geweih den gekreuzigten Christus trug. Eustachius ließ sich daraufhin als Christ taufen. Bis heute wird er als Heiliger verehrt.

Pisanello: Vision des heiligen Eustachius, um 1438–42, Tempera auf Holz, 54,8 x 65,5 cm, London, The National Gallery

Fischkopf mit Perlenkette

Der Italiener Giuseppe Arcimboldo (1527–93) war kaiserlicher Hofmaler in Wien und Prag. Bekannt wurde er für seine verblüffenden Bildnisse, die er aus Obst, Gemüse oder anderen Gegenständen zusammensetzte. Unser Bild gehört zur Serie der „Vier Elemente", vier Gemälde zum Thema Feuer, Wasser, Land und Luft. Der Kopf des „Herrn Wasser" besteht aus über 60 Tieren, die im Wasser leben. Erkennbar sind Robben, Korallen, eine Schildkröte, ein Frosch, Schnecken, Muscheln, Krebse, Tintenfische und Würmer sowie verschiedene Fische.

Giuseppe Arcimboldo: Das Wasser, 1566, Öl auf Lindenholz, 66,5 x 50,5 cm, Wien, Kunsthistorisches Museum, Gemäldegalerie

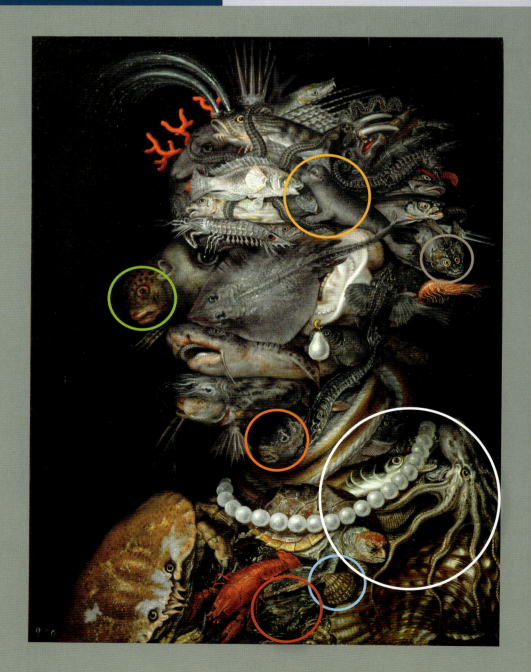

Stieglitz in Eile

Jan Davidsz. de Heem (1606–1683/84) war ein niederländischer Maler von Stillleben. Er lebte in Utrecht und Antwerpen. Seine Spezialität waren Prunkstillleben: üppige Bilder mit kostbarem Geschirr aus Gold und Porzellan, prächtigen Blumen und erlesenen Früchten. Auch wertvolle Tischdecken und Musikinstrumente konnte Jan Davidsz. meisterhaft malen. Mit Tieren und Landschaften beschäftigte er sich seltener – und wenn, dann fügte er wie bei unserem Bild gleich einen riesigen Blumenstrauß hinzu.

Jan Davidsz. de Heem: Waldbodenstillleben mit Blumen und Amphibien, 1665, Öl auf Leinwand, 112,7 x 130,5 cm, Vaduz, Fürstliche Sammlung

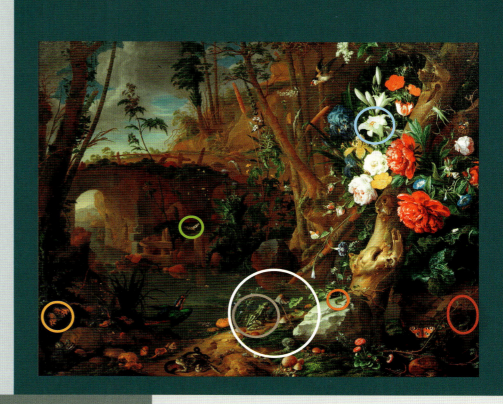

Pferd am Wasserfall

Der Niederländer Roelant Savery (1576–1639) war kaiserlicher Hofmaler in Prag und Wien. Später ging er nach Holland zurück. Roelant bewunderte die Gemälde von Jan Brueghel dem Älteren und ließ sich von diesem zu eigenen Bilderfindungen anregen. Bekannt wurden seine friedlichen Fantasielandschaften, die er mit zahlreichen Tieren und auch Menschen bevölkerte. Auf unserem Bild versteckt er ein wichtiges biblisches Ereignis im Hintergrund: Dort, wo links die Sonnenstrahlen auf den Baum treffen, ist der Sündenfall Adams und Evas dargestellt.

Roelant Savery: Das Paradies, 1628, Öl auf Kupfer, 41 x 57,3 cm, Wien, Kunsthistorisches Museum, Gemäldegalerie

Streifentiere im Blumenmeer

Idrissa Diarra (*1969), ein afrikanischer Maler, ist an der Elfenbeinküste zu Hause. Dort lebt er in der riesigen Stadt Abidjan. Das Malen hat er sich selbst beigebracht. Mit seinen Malsachen zieht er durch das Land und hält die Landschaft der Elfenbeinküste und das Leben der Menschen in Bildern fest. In leuchtenden Farben schildert Idrissa Feste und Feiern, aber auch Krankheit und Krieg. Unser Bild zeigt die Lagune von Abidjan, eine Bucht mit Palmenwald, als beschaulichen, von Menschen unberührten Ort.

Idrissa Diarra: Die Lagune von Abidjan, 1988

Hans Hoffmann: Hase im Wald, um 1585,
Öl auf Lindenholz, 62 x 78 cm, Los Angeles,
The J. Paul Getty Museum

Mampfender Hase

Der Nürnberger Hans Hoffmann (um 1530–1591/92) war als Hofmaler für Kaiser Rudolf II. in Prag tätig. Hans bewunderte die Werke seines berühmten Vorgängers Albrecht Dürer. Wie dieser zeichnete er viele Pflanzen und Tiere nach der Natur. Hans kopierte aber auch dessen Gemälde und Zeichnungen so perfekt, dass sie für Werke Dürers gehalten wurden. Mehrfach malte er Dürers bekanntes Bild eines Hasen ab. Bei unserem Gemälde fügte Hans eigene Naturbeobachtungen hinzu, damit wir etwas zu suchen haben.

Pause für den Esel

Jean-Baptiste Oudry (1686–1755) war ein französischer Maler in Paris und Beauvais. Am liebsten malte er Tierbilder und Stillleben, für den französischen König auch viele Jagdbilder und Entwürfe für Wandteppiche. In Beauvais leitete Jean-Baptiste die Gobelinmanufaktur und eine eigene Zeichenschule. Die beschauliche Darstellung eines Bauernhofes entstand im Auftrag des Kronprinzen Ludwig XV. für das Schloss in Versailles. Damals interessierten sich die Adeligen sehr für das Leben auf dem Land.

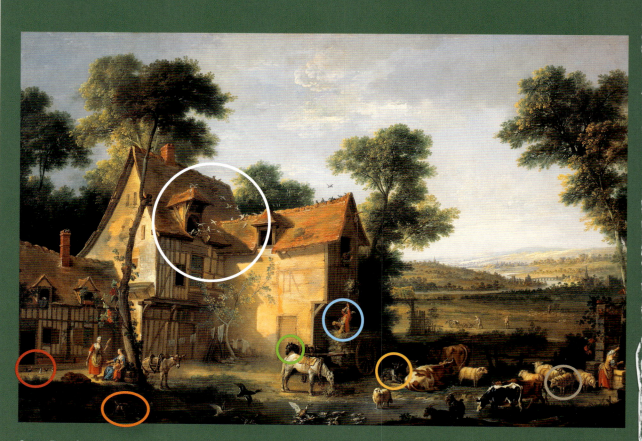

Jean-Baptiste Oudry: Ein Bauernhof, 1750,
Öl auf Leinwand, 130 x 212 cm, Paris, Louvre

Jan Brueghel d.Ä.: Paradieslandschaft mit der Erschaffung des Menschen, 1594, Öl auf Kupfer, 26,5 × 35 cm, Rom, Galleria Doria Pamphilj

Seesterne im Wald

Jan Brueghel der Ältere (1568-1625) war der Sohn des „Bauernmalers" Pieter Brueghel. Er lebte einige Jahre in Italien, sonst in Antwerpen. Wie man auf unserem Bild sieht, konnte Jan neben Blumen besonders gut Tiere malen. Hier zeigt er über 70 davon, die sich friedlich im Garten Eden aufhalten. Gott, der Schöpfer der Welt, hat sie gerade zum Leben erweckt. Nun erschafft er die ersten Menschen Adam und Eva – zu sehen im Hintergrund links neben dem weißen Pferd.

Müde Schafe

Der italienische Maler Stefano Bruzzi (1835-1911) lebte in Piacenza, Rom und Florenz. Am liebsten malte er das Leben auf dem Land und Landschaften im Wechsel der Jahreszeiten. Im Sommer zog er sich in einen kleinen Ort im Apennin zurück. Stefano war mit den Macchiaioli befreundet – Malern, die unter freiem Himmel arbeiteten, um das Licht und die Farben der Natur einzufangen. Das sieht man auch unserem lichtdurchfluteten Bild an, bei dem die Abendsonne weiße Flecken auf die Felle der Schafe malt.

Stefano Bruzzi: Die Rast der Schafe, um 1875, Öl auf Leinwand, 49 × 71 cm, Privatsammlung

39

Impressum

© 2014 E. A. Seemann Verlag in der
Seemann Henschel GmbH & Co. KG, Leipzig
www.seemann-verlag.de

ISBN 978-3-86502-326-1

Bibliografische Information der Deutschen
Nationalbibliothek

Die Deutsche Nationalbibliothek verzeichnet diese
Publikation in der Deutschen Nationalbibliografie;
detaillierte bibliografische Daten sind im Internet über
http://dnb.dnb.de abrufbar.

Die Verwertung der Texte und Bilder, auch
auszugsweise, ist ohne Zustimmung der Rechteinhaber
urheberrechtswidrig und strafbar. Dies gilt auch für
Vervielfältigungen, Übersetzungen, Mikroverfilmungen
und für die Verarbeitung mit elektronischen Systemen.

Abbildung Umschlag vorne und hinten:
André Normil: Arche Noah, 1967 (Details)

Umschlaggestaltung, Layout und Satz:
Johannes Blendinger, Nürnberg
Projektmanagement: Caroline Keller
Lektorat: Binia Golub, Christina Mergel, Eva Wichmann
Reproduktionen: Johannes Blendinger, Nürnberg
Druck und Bindung: Gorenjski tisk storitve, Kranj
Printed in Slovenia

Bildnachweis

akg-images/De Agostini Pict. Lib.:
8 f., 26 f., 34, 38 unten
akg-images/Rabatti - Domingie: 12 f., 35
akg-images: Cover, 4 f., 6 f., 10 f., 16 f., 18 f., 28 f.,
34 oben und Mitte, 35 oben, 36 unten, 37 oben, 39 oben
The National Gallery, London: 14 f., 36 oben
akg-images/Erich Lessing: 20 f., 37 Mitte
akg-images/Jean-Louis Nou: 22 f., 37 unten
The J. Paul Getty Museum, Los Angeles: 24 f., 38 oben
akg-images/MPortfolio/Electa: 30 f., 39 unten